771

AURONS-NOUS
LA GUERRE?

PAR

M. FÉLIX GERMAIN

Rédacteur en chef du Bulletin de Paris.

Scozzone! Scozzone!

Prix : 60 centimes

PARIS

E. DENTU, LIBRAIRE-ÉDITEUR

PALAIS-ROYAL, 13, GALERIE D'ORLÉANS.

—

1859

AURONS-NOUS LA GUERRE ?

PARIS.
IMPRIMERIE DE L. TINTERLIN ET C*ie*,
rue Neuve-des-Bons-Enfants, 3.

AURONS-NOUS
LA GUERRE?

PAR

M. FÉLIX GERMAIN

cteur en chef du Bulletin de Paris.

Scozzone!

---—●❊●———---

PARIS

E. DENTU, LIBRAIRE-ÉDITEUR

GALERIE D'ORLÉANS, 13, PALAIS-ROYAL.

—

1859

« A l'époque de civilisation où nous sommes, les succès
« des armées, quelque brillants qu'ils soient, ne sont que
« passagers. C'est, en définitive, l'opinion publique qui
« remporte la dernière victoire. »

(Discours de NAPOLÉON III, à la clôture
de l'Exposition universelle.)

AURONS-NOUS LA GUERRE?

Scozzone!

I.

Aurons-nous la guerre?

Telle est la question du jour. En s'abordant, on la pose, on la discute, on l'examine avec une préoccupation, une anxiété, un doute pénible, qui ne sont que le reflet affaibli des doutes, des préoccupations, des anxiétés de la nation entière. Et, quand on se quitte, on la pose de nouveau, on s'interroge encore dans une dernière étreinte.

Chacun sent qu'elle a été soulevée dans des circonstances particulières, qu'elle s'offre à nous avec des caractères exceptionnels, qu'elle décèle des velléités belliqueuses dont la réalisation déchaînerait sur nos têtes les plus graves périls.

On se dit tout bas que si les grands pouvoirs de l'État n'interposent pas leur autorité, si la sagesse de l'Empereur est mise en défaut, nous assisterons au réveil des instincts de destruction qui ont prévalu dans les premières années de ce siècle, et que le second Empire nous donnera une répétition des drames d'abord glorieux, ensuite lugubres et désastreux, qui constituent le règne de Napoléon I*r*.

Aux inquiétudes, aux appréhensions, aux cris de douleur qui se manifestent de toutes parts, il n'est pas besoin d'une bien grande puissance d'imagination pour comprendre que le retour de ces scènes effroyables, de ces batailles de géants, n'est qu'un rêve chez ceux qui le désirent, un cauchemar pour la France.

Il est évident, aux yeux des hommes les plus superficiels, des diplomates les plus expérimentés et des plus savants publicistes, que l'on se trompe d'époque, qu'on se leurre sur les inclinations réelles du pays, en supposant qu'il serait facile de l'entraîner dans une grande guerre, et que l'on en serait longtemps suivi.

Erreur, fatale erreur! Que l'on aille donc aux

renseignements, n'importe où; que l'on pénètre dans la chaumière du pauvre, dans les ateliers, dans les fermes, dans les boutiques et les magasins. Partout, on n'entendra qu'une voix en faveur de la tranquillité générale; partout, on s'assurera que la France, non-seulement ne croit pas à l'opportunité d'une guerre, mais qu'elle est foncièrement antipathique à tous les projets d'intervention au dehors; qu'elle réprouve d'avance tout ce qu'on pourrait essayer en ce sens, et que si le gouvernement faisait un pas dans cette direction, elle perdrait, avec une douloureuse amertume, sa foi en la sincérité du discours de Bordeaux ; elle ne croirait plus que l'Empire, c'est la paix. Cruellement désabusée, elle ne contemplerait plus qu'avec effroi l'avenir qu'elle envisageait naguère avec une légitime fierté. Désenchantée, elle se retournerait avec tristesse vers ceux qui lui ont dit : « Vous voulez l'Empire, soit; c'est la guerre avec l'Europe. » Dans sa consternation, elle leur répondrait : « C'était vrai. » Et l'Empire, que deviendrait-il au milieu du désenchantement universel?

Que l'on ne s'y méprenne donc pas; que l'on ne conserve à ce sujet aucune illusion : sur trente-six millions d'habitants, il y en a plus de trente-cinq qui font des vœux pour la paix. La pensée de rééditer les hauts faits du premier Empire leur apparaît comme un anachronisme, comme une témérité insensée.

Pourquoi ? C'est ce que je vais exposer.

II.

Les personnes qui croient à la possibilité de calquer le second Empire sur le premier, et d'obtenir de la France des soldats et des subsides aussi facilement que Napoléon Ier, oublient que tout était alors organisé pour la guerre, tandis qu'aujourd'hui tout est organisé pour la paix.

Cela est si simple, c'est une vérité si banale, que j'éprouve quelque embarras à insister. Mais les instincts belliqueux qui excitent actuellement de vives appréhensions, étant partagés par des hommes qui occupent en ce pays des positions considérables, il faut bien lui donner des développements, faire toucher du doigt la différence profonde que je viens de signaler entre les deux Empires, et contraindre mes adversaires eux-mêmes à avouer que, si le premier n'a pu se maintenir qu'au moyen d'un système guerrier, le second ne peut s'affermir, se perpétuer, qu'à la condition expresse de rester fidèle au système pacifique qu'il a si heureusement fait prévaloir jusqu'à ce jour.

Sous l'ancien régime, on pouvait conclure la paix ou déclarer la guerre sans qu'il en résultât une grande perturbation dans les fortunes particulières. Le crédit public n'existait pas : les valeurs industrielles et mobilières, qui se comptent aujourd'hui par milliards, ne représentaient que des richesses insignifiantes. La défaveur attachée au travail, l'espèce de déshonneur que l'on subissait en se mêlant d'affaires commerciales, et la corruption inouïe des gens de cour, paralysaient la production.

Aussi les transactions extérieures, qui ont acquis de nos jours une importance prodigieuse, n'avaient-elles qu'un rôle tout secondaire : on eût pu les supprimer sur bien des points, sans nuire sensiblement à la situation intérieure du pays. Dans un rapport que j'ai sous les yeux, présenté à l'Assemblée constituante le 24 août 1791, le Comité d'agriculture et du commerce constate qu'en 1788, notre commerce avec l'étranger et les colonies a été de 974 millions, savoir : 492 millions à l'importation et 482 millions à l'exportation. (1)

(1) *Moniteur*, 26 août 1791.

Tout faible qu'il fût, ce chiffre ne se maintint pas : à dater du manifeste de Brunswick, qui déchaîna toutes les passions nationales en donnant le signal d'une guerre européenne, on vit le commerce s'affaisser, presque totalement nul sur mer à cause des Anglais; les convulsions révolutionnaires, le maximum, les réquisitions, l'éteignirent au-dedans.

A son débarquement d'Égypte, lorsqu'il s'empara violemment du pouvoir, le vainqueur d'Italie trouva donc table rase. Rien ne restait debout : lois, coutumes, mœurs, institutions, richesses publiques, fortunes privées, tout était désorganisé, livré aux incertitudes du moment, emporté par un courant dont personne ne connaissait ni la force ni la direction. Un fumet de vénalité s'exhalait de tous les soupiraux des cuisines du monde officiel ; cela prenait à la gorge et donnait des nausées à quiconque passait devant les palais nationaux, remplis de viveurs et de femmes à soldats.

Officier de fortune, parvenu de la gloire, le Premier Consul put donc organiser toutes choses pour la guerre : et de fait, il organisa tout dans ce but. Les forces vives du pays furent centralisées avec le dessein bien arrêté de leur donner une impulsion exclusivement belliqueuse. Les écoles elles-mêmes, qui ne renfermaient cependant que des enfants, furent, dès ce moment, assimilées à des pépinières militaires, transformées en succursales de camps, et il n'est pas jusqu'à la littérature, si facile à offusquer par le bruit des casernes, qui ne fût obligée de recevoir une consigne.

III.

Toutes choses étant ainsi montées pour la guerre, les existences s'arrangèrent de façon à en profiter, et l'industrie fut, comme le reste, vouée à la confection d'engins de destruction. Au lieu de filer du coton, on préparait des gargousses; au lieu de buriner le fer, de scier le bois pour les transformer en instruments de travail, on les transformait en instruments de mort.

Au lieu de construire des manufactures, on construisait des affûts et des caissons; de coudre des habits civils, on cousait des uniformes; et comme cela ne pouvait pas occuper tous les bras, on envoyait en pays ennemis ceux qui restaient disponibles.

Tandis qu'une partie de la nation, la plus jeune, celle qui eût dû produire, n'avait d'autre métier que de consommer, de se faire tuer et de tuer autrui, celle qui eût dû se reposer, fondait des balles, préparait des cartouches, étirait de la charpie et recevait du chef de l'État des encouragements pour procréer et combler les vides, remplir les trouées du canon dans les murailles vivantes qu'il tenait sans cesse en mouvement.

Dans de semblables circonstances, on conçoit que la guerre devait durer, et elle dura, en effet, jusqu'à ce que l'Europe, exaspérée par l'humeur trop altière du conquérant, se ruât sur nous avec furie. Pantelante, épuisée, n'ayant plus ni hommes valides, ni argent, ni espoir, la France est montée au Golgotha.

Afin que son agonie eût une analogie de plus avec celle de Jésus-Christ, les peuples qu'elle avait comblés de bienfaits furent les plus prompts à l'abandonner : les Italiens, qui lui avaient été si fidèles, qui s'étaient montrés si humblement soumis, furent les plus ardents à la poursuivre de leur trahison et de leurs huées, les plus âpres à la curée ; le Saint-Siége réclama Avignon, le Piémont prit la Savoie, et les Napolitains, faute de mieux, fusillèrent Murat au cœur de lion.

IV.

A dater de ce moment, la France trop tardivement assagie, entra de plein saut dans les voies fécondes de l'industrie. L'Empire écroulé, les forces nationales organisées, en 1800, dans un but de guerre et de conquêtes, furent régénérées, reconstituées dans une pensée de paix. Les esprits reçurent une direction radicalement opposée à celle que le Premier Consul leur avait imprimée au lendemain de brumaire. A peine l'armée d'occupation eut-elle cessé de souiller notre territoire, que l'on vit de tous côtés s'élever des ateliers, des usines, des manufactures.

Un souffle nouveau s'étendit sur le sol entier, passionna les âmes à la recherche du bien-être : tous les arts destinés à faire vivre les hommes, à les mieux nourrir, à les protéger contre les influences morbides, furent encouragés ; ils se développèrent et prirent un tel accroissement que le travail devint un puissant titre à la considération publique. Ce fut un moyen souvent assuré d'arriver à la fortune, quelquefois aux premières dignités, et chacun se souvient d'avoir vu, sous un règne libéral, siéger au banc des ministres, à la Chambre des députés, des hommes fort écoutés, fort applaudis, investis de l'estime générale, et qui s'étaient élevés à cette hauteur uniquement par vingt à trente années de probité commerciale.

Et comme si Dieu eût voulu marquer de son sceau cette époque de régénération industrielle et de félicité publique, les ressources économiques des principales nations d'Europe et d'Amérique prirent le même élan : la vapeur et l'électricité, la combinaison des forces mécaniques avec les forces humaines, changèrent la face des choses.

Les anciennes méthodes de travail furent remplacées par d'autres, moins coûteuses et plus sûres. Les procédés de fabrication furent perfectionnés dans tous les sens ; les moteurs se multiplièrent dans des proportions indéfinies, les chemins de fer furent construits, et les sciences physiques, à tant de merveilles accomplies, ajoutèrent la plus merveilleuse de toutes, le fil électrique, qui va partout transmettre la pensée avec la rapidité de l'éclair.

Le commerce extérieur monta d'un milliard à 5,328 millions (en 1857), et le commerce intérieur s'accrut dans des proportions encore plus considérables.

La société fut si vigoureusement organisée en faveur de l'industrie, du commerce, des beaux-arts, qu'elle supporta les plus formidables crises avec une aisance singulière : les trois journées de Juillet, toujours si belles aux yeux des vrais amis de la vraie liberté, n'ont pas sensiblement affaibli les moyennes dans notre histoire économique; la surprise de Février a eu des conséquences infiniment plus graves; mais, si l'année 1848 a été désastreuse, l'année 1849 a été bonne, et l'on s'en est si bien relevé qu'il n'y paraissait plus quand la guerre d'Orient est survenue.

Les opérations d'escompte de la Banque de France, banques départementales et comptoirs compris, avaient été de 2,714 millions en 1847. Une révolution ruineuse et une grande guerre éclatent, et, en 1856, ces opérations sont de 5,809 millions! Les mouvements généraux des espèces, des billets et des virements dans la banque centrale, s'élèvent, la même année, à 35 milliard et demi.

V.

Et maintenant, je vous prie, quelqu'un insinuerait-il, avec les apparences de la bonne foi, que l'on pût établir une comparaison quelconque entre la France du premier Empire et la France du second ?

Sous le premier, tout était organisé pour la guerre : sous le second, tout pour la paix, rien que pour la paix.

De très-grandes et de très-riches branches de l'industrie nationale, qui font aujourd'hui vivre les ouvriers par centaines de mille, n'existaient même pas alors : d'autres étaient déjà entrevues, pressenties, mais leurs plus ardents partisans ne se doutaient pas de leur avenir. Qui eût dit, par exemple, que la fabrication du sucre indigène, qui était de quelques milliers de kilogrammes en 1813, serait de cent cinquante et un millions de kilogrammes en 1858, occasionnant un mouvement annuel d'affaires de plus d'un demi-milliard !

Que l'on imagine maintenant le désordre, la confusion, l'anarchie qu'un changement de système politique causerait dans une société ainsi organisée : tous les rouages, au lieu de concourir à la fin commune, qui est le bien public fondé sur la paix, se heurteraient les uns contre les autres ; les engrenages, au lieu de s'adapter et de se prêter un mutuel appui, ne se présenteraient plus que les angles sortants, et, comme les angles rentrants ne serviraient à rien, nous n'aurions plus qu'une neutralisation de forces....

Semblable à une horloge qui a perdu ses contre-poids et dont l'aiguille affolée serait bien placée au-dessus du portail de Charenton, la machine gouvernementale fonctionnerait à tort et à travers.

La société, troublée, inquiète, agitée, verrait d'un air sombre les ouvriers, congédiés de leurs fabriques fermées, demander du travail ou du pain. Et la défiance, cette mère nourricière du chômage, des faillites et de la ruine universelle, trônerait aux mêmes endroits, dans les mêmes ateliers tout à l'heure égayés par les joyeux refrains de cette grande armée industrielle, dont les utiles travaux contribuent puissamment au bonheur des peuples et à la force des gouvernements.

Nous sommes donc autorisés à conclure de ce qui précède : qu'il n'y a aucune parité entre le premier Empire et le second ; que celui-ci se perdrait et nous perdrait en voulant imiter celui-là.

Or, la pensée d'intervenir en Italie, le projet de déclarer la guerre à l'Autriche, qui ne nous insulte pas, appartenant évidemment à un plan dont la réalisation occasionnait une guerre générale, tout le monde se récrie, parce que, sauf un petit nombre d'énergumènes dangereux, personne ne veut courir à une perte presque assurée, fomenter une nouvelle coalition contre nous, pour la décevante satisfaction de venir en aide aux Italiens qui nous ont abandonnés, sinon trahis, en 1813, et aux Piémontais, qui ont accepté la Savoie pour rançon de leur fidélité à la sainte-alliance des rois contre les peuples.

VI.

Nous venons de prouver que la société actuelle a une organisation entièrement opposée à celle que le vainqueur d'Italie lui avait donnée au commencement de ce siècle, pour son malheur et le nôtre. Changer brusquement ce système, donner une direction belliqueuse à ses forces, toutes coordonnées dans un but de production et de bien-être, serait un acte aussi sensé que de se mettre à cheval sur un soliveau, entre les deux tours Notre-Dame.

On peut en juger aux alarmes qui se sont propagées de tous côtés à la seule nouvelle que l'Empereur avait adressé une légère admonition à l'ambassadeur d'Autriche. Au fond, il a entouré de formes aimables le regret que les relations entre les deux pays fussent moins bonnes que par le passé. Il n'y avait rien là de bien inquiétant; mais toute l'Europe s'est émue de cette parole, qui a déjà coûté à la France plus d'un milliard, parce que l'on s'est rappelé que le premier Empereur avait l'habitude de prononcer des mots à sensation en recevant le corps diplomatique. « Le neveu imite l'oncle, gare ! gare ! »

Telle a été la première impression, et comme la meilleure, j'oserais dire, l'unique manière de se garer, c'est de serrer les voiles, de restreindre son crédit et de faire rentrer ses billets, on a vu instantanément le marché à la monnaie tomber en désarroi.

Si la société eût été organisée pour la guerre, cette légère algarade eût occasionné quelques chuchotements ; mais comme elle est organisée pour la paix, elle a immédiatement causé une énorme déperdition de richesses : la confiance, qui était déjà réduite, s'est retirée ; les ordres d'achats ont diminué, les offres se sont multipliées en raison même des efforts officiellement tentés pour rassurer les esprits, et la panique gagnant de proche en proche, on est allé répétant de tous côtés, avec une bonne foi craintive, une naïveté timorée qui ont dû préoccuper beaucoup, en haut lieu : « Gare ! gare ! le premier Empire va recommencer ! » En dix Bourses, du 31 décembre 1858 au 11 janvier 1859, le 3 0/0 est descendu de 72 90 à 68 95. L'attentat d'Orsini a éveillé de moindres appréhensions, parce que l'on se confie en la Providence pour protéger les jours de l'Empereur, tandis que nous n'aurions pas la même ressource si nous déchaînions nous-mêmes les passions révolutionnaires.

VII.

Vainement objectera-t-on que la lutte serait circonscrite entre la cour des Tuileries et la cour de Vienne. Quand la France est enrhumée du cerveau, l'Europe éternue et met en avant ses mouchoirs : que serait-ce donc si elle était piquée de la tarentule, mordue par l'acarus belliqueux, en proie à une affection propagandiste ?

Dès que nos troupes se prépareraient à franchir les Alpes, toute l'Europe gouvernementale serait debout ; dans le secret des Chancelleries, on s'agiterait, on manœuvrerait contre nous ; on tendrait des piéges, on dresserait des trames et des embûches, et lorsque nous croirions le sol encore ferme, nous le verrions se dérober sous les pieds de nos chevaux ; l'abîme s'ouvrirait, la coalition serait reconstituée et la guerre générale commencerait.

« Si la politique de la France, disait l'Empe-
« reur au Corps législatif le 18 janvier 1858, si
« la politique de la France est appréciée comme

« elle le mérite en Europe, c'est que nous avons
« le bon esprit de ne nous mêler que des ques-
« tions qui nous intéressent directement, soit
« comme nation, soit comme grande puissance
« européenne. »

Comment sera-t-elle appréciée si nous avons le mauvais esprit de nous mêler du différend austro-piémontais, qui nous intéresse très-indirectement? Soit comme nation, soit comme grande puissance européenne, nous ne sommes nullement obligés d'intervenir en Italie. L'Autriche ne nous attaque pas, ne nous insulte pas ; aurions-nous seulement un prétexte spécieux pour lui déclarer la guerre? Si nous sommes les agresseurs, cette politique nouvelle sera certainement appréciée comme elle le méritera en Europe. De là à une coalition, y a-t-il loin, *if you please?*

Perdrons-nous de gaieté de cœur, lorsque rien, absolument rien, ne nous y contraint, le bénéfice des sentiments honorables que l'Empereur a tant de fois exprimés en faveur de la paix?

Sans provocations, sans motifs hautement avouables devant l'Europe, tirerons-nous l'épée, agiterons-nous le monde et foulerons-nous aux pieds les plus graves, les plus instructifs enseignements de notre histoire contemporaine ?

Ce n'est pas là ce que l'Empereur nous avait promis, ce que la France attend de sa sagesse et ce qu'il a répété dans des termes utiles à rappeler.

C'était au surlendemain de la naissance du Prince Impérial, aux Tuileries, le 18 mars 1856. Accompagné du Corps législatif, M. de Morny a exprimé ses vœux : « A d'autres époques, a-t-il dit, de semblables espérances ont été conçues et n'ont pas été réalisées ; pourquoi celles auxquelles nous nous livrons aujourd'hui avec tant d'effusion inspirent-elles une si grande confiance ? C'est que les deux dangers qui ont renversé les trônes, la révolution à l'intérieur et la *coalition à l'étranger*, vous, Sire, vous les avez conjurés : la révolution, vous l'avez vaincue par la force, distraite par le travail, calmée par la clémence ; l'étranger, vous l'avez réconcilié avec la France, parce que vos armées ne se sont couvertes de gloire que pour le maintien de la justice et du bon droit, et que vous avez su agrandir la France sans humilier l'Europe. »

L'Empereur répondant à ce passage du discours de M. de Morny :

« Les acclamations unanimes qui entourent
« son berceau ne m'empêchent pas de réfléchir
« sur la destinée de ceux qui sont nés dans le
« même lieu et dans des circonstances analo-
« gues. Si j'espère qu'il sera plus heureux, c'est
« que, d'abord, confiant en la Providence, je ne
« puis douter de sa protection.. Ensuite, *l'his-
« toire a des enseignements que je n'oublierai
« pas.* Elle me dit, d'une part, qu'il ne faut ja-
« mais abuser des faveurs de la fortune ; de
« l'autre, qu'une dynastie n'a de chance de sta-
« bilité que si elle reste fidèle à son origine, en
« s'occupant uniquement des intérêts populai-
« res, pour lesquels elle a été créée. »

Les intérêts populaires, pour lesquels la dynastie a été créée, n'ayant absolument rien à gagner, mais beaucoup, peut-être tout à perdre dans un changement de politique tendant à briser le système actuel de nos alliances, les enseignements de l'histoire ne seront pas méconnus : Espérons-le pour l'avenir et le salut de la France.

VIII.

Quoique l'Italie, en 1813 et l'année suivante, se soit indignement conduite à notre égard ; qu'elle ait renié notre drapeau, tiré sur nos troupes et traité avec la Sainte-Alliance à nos dépens ; qu'elle ait, par sa défection, aggravé nos revers, creusé davantage encore l'abîme dans lequel les projets insensés du grand capitaine nous ont précipités, nous concevons les sympathies qu'elle excite, et les nuances conservatrices s'y associent.

Les Français ne savent pas haïr longtemps ; ils ont des respects pour toutes les infortunes ; mais, avec la meilleure volonté du monde, ils ne peuvent pas mettre des armes, des bras, de l'argent, au service de tous les malheurs. Ils ne sont pas des redresseurs de torts, et, si l'Italie a été leur Dulcinée, ils ont enfin compris la niaiserie de telles amours : le donquichottisme est passé de mode ; le bon sens de Sancho Pança vaut mieux, pèse plus et a plus de crédit au méridien de Paris que tout le fatras sentimental du chevalier de la Triste Figure.

Nous ne savons pas ce que la Providence réserve à notre pays : les destinées des peuples sont dans sa main. Mais si elle écoute les vœux de trente-cinq millions d'habitants sur trente-six, certainement elle éclairera l'Empereur sur l'état réel des esprits, elle ne lui permettra pas de verser à grands flots un sang généreux, de prodiguer nos trésors, au profit de qui ? Des Italiens, dont les ingratitudes envers nous ont toujours été à la hauteur de nos bienfaits.

La France redoute les hasards de cette guerre, parce que nos intérêts nationaux ne la nécessitent pas ; elle la repousse, parce qu'elle y voit avec raison les premiers rudiments d'une coalition.

Dans les temps héroïques de la première République et du Consulat, elle a sonné le tocsin de délivrance, elle a fait marcher ses bataillons pour l'indépendance de vingt peuples divers. Ceux-ci, il est vrai, l'ont suivie, acclamée, tant que la victoire lui a été fidèle. Ses principes étaient si beaux, si dignes de l'admiration des hommes !

Mais, au jour des revers, qu'est-il arrivé ?
Tous l'ont abandonnée, trahie, dépecée, hu-

miliée en traînant au milieu de leurs fourgons le char injurieux de Thersite, monté par le marquis de Carabas et la marquise de Pretintaille ; et quand le grand conquérant s'est retiré de ces combats de géants, il a laissé notre patrie plus petite qu'au moment où il l'avait prise.

Voilà ce que l'expérience nous enseigne ; les nouvelles générations ne veulent pas recommencer ce marché de dupes ; déjà recherchées par les puissants du jour, elles seront les maîtresses de l'avenir dès qu'elles auront eu l'habileté de reconnaître leurs chefs de file.

Que l'Empereur les écoute ; qu'il interroge les hauts fonctionnaires plus spécialement chargés de s'enquérir de leurs vœux, pour les satisfaire et les rallier ; il saura alors que la France moderne ne veut pas stipuler pour les autres peuples sans stipuler pour elle-même, et que si elle prêtait les mains à un agrandissement du Piémont, à l'indépendance de l'Italie, ce serait à la condition formelle de recouvrer ses frontières naturelles, de s'étendre majestueusement des Alpes au Rhin.

IX.

La guerre générale est donc au bout d'une guerre avec l'Autriche.

Dira-t-on qu'il faut faire un grand acte de dévouement, déployer une sublime abnégation, nous battre utilement pour les autres, inutilement pour nous-mêmes, et qu'avec une dette constituée dépassant sept milliards, avec une dette hypothécaire qui en dépasse neuf, nous sommes assez riches pour payer notre gloire?

Soit. Le cri des peuples que l'on égorge fait bouillonner notre sang roturier; vous voulez les défendre? C'est fort bien. Vous exposer à la ruine et à la mort pour eux? C'est à merveille.

Mais, quelle inconséquence! Vous parlez de générosité, et vous ne pensez qu'aux populations qui se sont distinguées par leur ingratitude envers nous.

Vous oubliez la Pologne, la première nationalité catholique, qui soit disparue de la carte; qui a préservé l'Europe, au temps de Sobieski, du cimeterre ottoman et de la contagion des amours infâmes du Turc !

Vous n'avez pas la mémoire du cœur, et vous parlez d'abnégation ! En avaient-ils, ces compagnons de Poniatowski attachés à notre fortune, lorsque tout sombrait autour de nous ?

C'est dans l'adversité, n'est-il pas vrai, que l'on reconnaît ses amis ? Les Polonais se sont serrés à la hampe de nos drapeaux emportés par la mitraille, et les Italiens ont tiré dessus.

Nous viendrons donc en aide aux Polonais, c'est entendu. Mais, pendant que nous soulèverons et l'Italie et la Pologne, ne ferons-nous rien pour cette Hongrie, si prudente dans les conseils, si sympathique à la France, si brave au feu ? Nous la soulèverons donc également, et, en faisant une bonne action, nous ferons œuvre d'habile politique, car nous priverons la couronne d'Autriche de son plus beau fleuron.

Et les Serbes, et les Moldaves, et les Valaques, qu'en ferons-nous ? Ils ne demandent qu'à s'insurger ; et pendant que nous y serons, nous les soulèverons donc aussi, pour les reconstituer à nouveau.

Arrangez-vous comme il vous plaira, vous ne sortirez pas de ce dilemme. Le principe des nationalités ne peut pas se scinder : vous ne le scinderez point; ou vous le poserez partout, ou vous ne le poserez nulle part.

Nous nous arrêterons à temps, dites-vous, nous n'irons pas jusqu'au bout.

Une fois engagés sur les déclivités d'une guerre de nationalité, vous ne vous arrêterez pas, insensés, pas plus que le général Josué ne suspendrait maintenant la marche du jour.

Supplications, menaces, commandements itératifs, manœuvres, promesses, rien n'y fera.

Au bruit des chaînes que vous briserez en Italie, toutes les nations asservies au joug de l'étranger, tressailleront du fond de leurs tombeaux : elles soulèveront les pierres sépulcrales que l'on a scellées au-dessus de leurs têtes, en 1772 et 1815.

Et leurs bourreaux, frappés d'épouvante, comme au jour du jugement dernier, se donneront la main ainsi que des criminels près de s'évader ; ils se rapprocheront les uns des autres, ils mettront en commun leurs remords, leurs haines infernales, et, après un concert à voix basse, poussés par la même crainte, animés du même esprit, n'ayant plus que des intérêts identiques, ils ne voudront pas que le règne de la justice arrive, et la coalition renaîtra de ses cendres pour la septième fois en soixante-sept ans.

La coalition! C'est toujours à elle que l'on aboutit dans cette voie. Dès que la question : *Aurons-nous la guerre?* est abordée, il ne faut qu'un peu de bon sens pour voir que l'on sous-entend une guerre européenne, c'est-à-dire une entreprise glorieusement commencée et finissant par la restauration de la sainte-alliance des gouvernements oppresseurs contre les peuples opprimés. On a déjà beaucoup trop restauré de vieilles choses depuis quelque temps: nous nous passerons fort bien de celle-là. Seule contre tous, que ferait la France?

Elle se souviendrait qu'en 1793, la Convention l'a sauvée, et à tous les périls amassés au dehors, s'ajouterait, chez nous, le grave danger de descendre dans la fange sanglante d'un nouveau *Comité de salut public*.

Gardons-nous donc de soulever les instincts révolutionnaires au dehors. Ils ne sont pas tellement éteints au dedans, que nous ne dussions en prendre nul souci. Sous plus d'un aspect, l'Europe actuelle ressemble à une vivante iniquité : e talent y est primé par la médiocrité; l'égalité, si chère aux Français, y est outragée par un retour aux vieux us nobiliaires ; le travail n'y est pas rétribué proportionnément à son rôle dans la production, et le capital fait avec lui une alliance qui rappelle trop celle de l'homme et du cheval. Le goût du luxe chez les femmes, du célibat chez les hommes, étend ses ravages et menace le monde européen au cœur. L'argent est trop arrogant envers des indigences cent fois plus respectables qu'il ne le sera jamais ; il est trop égoïste à l'égard de la société, il entrave trop la grande politique des améliorations populaires, et l'autorité elle-même, qui devrait plus souvent le faire asseoir sur la sellette, hésite trop à sévir contre lui.

Oui, prenons-y garde ! Pendant que des Phrynés équivoques, drôlatiques, divertissantes, habiles à persuader que la vie est un beau rêve et que la famille est une charge trop lourde, donnent le ton et des exemples trop suivis, les contacts des Européens avec les races asiatiques menacent d'inoculer à la société chrétienne des propensions dissolvantes que l'on punissait de la peine du feu sous l'ancien régime, et qui appellent dès maintenant les plus vigilantes sollicitudes du Législateur. La société incline à modifier ses mœurs dans un sens destructeur de la famille, et ce ne sera pas trop de toutes les forces de l'État, pour la préserver de ses ennemis intérieurs.

Inutile de faire remarquer que je n'exagère rien, que je ne fais pas de déclamation : le beau moment de chercher des effets de style, quand on pense sérieusement à nous engager dans une voie désastreuse, à changer une politique de paix honorable en un système d'agression armée ! Ma rhétorique est des plus simples et, je crois, fort claire, aussi nette et concise qu'on peut le désirer ; ma dialectique est tout bonnement celle du sens commun ; la cause que je soutiens est celle de tout le monde, et si, par mégarde, une seule de mes paroles pouvait paraître blessante, c'est que j'aurais mal exprimé ma pensée, et je suis sûr d'avance qu'eu égard à mes intentions, on excuserait mon inadvertance.

X.

Les partisans d'une guerre au printemps sont allés si loin dans l'aveu de leurs espérances, qu'ils ont assimilé le mariage du prince Napoléon avec la fille du roi Victor-Emmanuel, comme le gage d'une régénération de l'Italie, en général, et d'un agrandissement du Piémont en particulier. « C'est la France, a dit quelqu'un, qui épouse la cause de l'indépendance italienne : il y a plus qu'une alliance entre les deux pays, il y a solidarité. »

Interpréter ainsi cette union, c'est lui donner une signification révolutionnaire, une portée belliqueuse qu'elle n'a pas et ne doit pas avoir.

Il est impossible d'admettre que, par suite de convenances matrimoniales, notre France soit entraînée dans une voie pleine de périls, obligée d'accepter, sinon de subir, une solidarité compromettante.

Le temps n'est plus où l'avenir des peuples

était exclusivement subordonné aux conventions particulières des princes, où la raison dynastique primait la raison d'État.

Que l'alliance des deux familles régnantes, que le mariage d'un neveu du grand capitaine avec la fille d'une maison souveraine resserre les liens d'estime qui unissent les deux pays, certes, nous serons des premiers à y applaudir : le Piémont est l'allié naturel de la France.

Mais s'il plaisait demain au roi Victor-Emmanuel de précipiter les événements, de passer le Tessin comme l'empereur Nicolas a passé le Pruth, de courir à une seconde bataille de Novare, serions-nous obligés de le suivre dans une pareille échauffourée ?

Assurément, non. Et si d'autres vues prévalaient, si les intérêts permanents de la France cédaient devant des considérations dynastiques, les exigences du patriotisme, l'amour du pays, la sainteté du drapeau tricolore, l'honneur national nous rallieraient tous; les traités de 1815, que nous ne mépriserons jamais trop, seraient déchirés, mis en lambeaux : les nouvelles générations, qui ont aujourd'hui plus de vertus militaires que celles de la République et de l'Empire, accompliraient des prodiges de valeur et étonneraient les débris de nos vieilles bandes par leur audace guerrière.

Mais il y a quelque chose de plus habile que le plus habile empereur, de plus puissant que la plus puissante nation, c'est la force des choses qui poserait partout le principe des nationalités et reconstituerait une coalition européenne.

Menacés dans leur existence même par leurs peuples émus, les souverains qui se sont entendus pour partager la Pologne, s'entendraient encore pour refouler notre propagande vengeresse.

Comme César à son fils adoptif, l'Empereur pourrait, dès nos premiers revers, redire à l'Italie : « Et toi aussi, tu m'as frappé. » Car elle est toujours la même pour nous; ses vrais sentiments n'ont pas varié : telle on l'a connue autrefois, telle aujourd'hui, moins la grandeur.

Quarante-quatre ans avant Jésus-Christ, elle acclama Brutus, qui n'était, après tout, qu'un assassin bourrelé d'ingratitude.

En 1848, elle a mis ses cloches en branle à la mort de l'illustre économiste Rossi, et porté processionnellement, avec tous les signes d'une vive allégresse, le poignard qui avait servi à frapper ce savant entre les deux épaules.

L'assassinat politique, qui est partout abhorré, a encore son culte en Italie et ses adorateurs : de temps à autre ceux-ci voyagent, et quand ils sont traduits en cour d'assises, ils réussissent, par leurs exposés de doctrines, à épouvanter des magistrats habitués, depuis trente ans, à entendre, sans sourciller, des récidivistes d'une perversité inouïe.

En 1282, elle a fait un immense massacre de Français pour renverser la première maison d'Anjou : c'est connu sous le nom de *Vêpres siciliennes*.

En 1797, pendant que Bonaparte signe les préliminaires de Léoben, elle égorge en masse nos malades, nos blessés, tous les Français qu'elle peut atteindre : cela s'appelle les *Pâques véronnaises* (1).

---

(1) Voir l'émouvant récit de ces atrocités tout italiennes dans le Manifeste du Vainqueur d'Italie, du 14 floréal an V : « L'on ordonne au peuple de Padoue, Vicence, Véronne, de courir aux armes, de seconder les différents corps d'armée et de commencer enfin ces nouvelles vêpres siciliennes. Il appartenait au lion de de Saint-Marc, disent les officiers vénitiens, de vérifier le proverbe : que *l'Italie est le tombeau des Français...*

En 1793, el'o assassino Basseville, consul de France à Rome.

En 1796, elle insulte gravement et met plusieurs fois en péril de mort, Miot, ministre français à Florence.

En 1797, l'ambassade française à Rome est envahie, et l'ambassadeur Joseph Bonaparte échappe miraculeusement à la mort; le brave général Duphot est assassiné à ses côtés.

Ce que l'Italie a fait en 1814, on le sait : n'en disons rien, afin de ne pas remuer les cendres du prince Eugène et de Murat, qui ont eu, dans une certaine mesure, l'imprévoyante faiblesse de céder à ses perfides suggestions.

Elle a si peu varié, que dans la seconde quinzaine de décembre 1858, on a préludé à l'insur-

---

Les prêtres, en chaire, prêchent la croisade... le sang français coule de toutes parts... La seconde fête de Pâques, au son des cloches, tous les Français sont assassinés dans Véronne; l'on ne respecte ni les malades dans les hôpitaux ni ceux qui, en convalescence, se promènent dans les rues, et qui sont jetés dans l'Adige, où ils meurent percés de mille coups de stylets... Vu les griefs ci-dessus, le général en chef, etc. — Signé Buonaparte. » (*Moniteur*, 29 floréal an V, 19 mai 1797.)

rection du printemps par l'assassinat du professeur Émilio Briccio dans une rue de Pavie, et que dans les premiers jours de Janvier, chacun a pu lire dans la *Gazette del Popolo*, cet avis : « On apprend de source certaine que toute la population de Pavie refuse de payer les impôts au gouvernement. Celui qui payerait courrait le risque d'être poignardé. » Qu'on se le dise !

XI.

Oui, c'est une belle et grande chose de rechercher, de poursuivre, au péril de ses jours, le triomphe des intérêts populaires. Mourir pour l'indépendance de son pays, s'exposer à d'immenses périls, affronter un supplice presque assuré, encourir des peines effroyables; se ruer, souvent sans armes, sur des autorités bardées de fer; transformer sa vie, qui eût pu être agréable, en un perpétuel tourment; préférer l'exil, une sorte de vagabondage lointain, au bonheur de vivre dans le pays où nous sommes nés, où nous avons fermé les yeux à notre vieux père; renoncer à la fortune, briser son avenir, abandonner la société de nos rares mais bons amis; et s'imposer tant de sacrifices, s'immoler vivant, s'offrir ainsi en holocauste, pour défendre le sol sacré de la patrie contre les souillures de l'étranger, quoi de plus digne de nos respects?

On se sent plus fier d'être homme en voyant de tels hommes, qui relèvent notre nature et la montrent capable des plus hautes vertus.

Nulle part plus qu'en France on n'est prêt à y applaudir. Comment donc se fait-il que la cause de l'indépendance italienne ait enfanté de ces dévouements sublimes sans accroître pour elle les sympathies nationales ?

C'est que sur les bords de l'Adige, du Pô et du Tibre, on professe la doctrine de l'assassinat politique, et que le peuple français, le Ciel en soit béni ! a un royal mépris pour le maniement du poignard : il préférerait remuer dix millions de pavés, construire des barricades aussi vastes que le Panthéon, plutôt que d'affiler un couteau.

On ne doit pas chercher ailleurs la profonde différence que chacun de nous constate entre les sympathies du peuple français pour la cause italienne, et les vœux chaleureux qu'il forme pour les Polonais et les Hongrois. Se montrer vraiment brave, c'est amasser chez lui des trésors de miséricorde, de pardon et d'oubli pour toutes les fautes. Depuis plusieurs siècles, le peuple italien a-t-il une seule fois déployé de grandes qualités militaires pour s'affranchir ? Au bagne, aujourd'hui, il n'est pas même uni pour se soustraire à sa vie de forçat des traités.

On s'abuse donc en supposant que, à défaut

de l'assentiment des classes instruites, une intervention en Italie obtiendrait l'appui des classes illettrées. Les unes n'ont, pas plus que les autres, foi en l'avenir de l'Italie. Cette guerre serait pour elle une énigme, parce qu'à leur sens, et nous partageons entièrement cette façon de comprendre les intérêts moraux du pays, si la France doit briser des chaînes, il faut que celles de la Pologne et de la Hongrie volent en éclats

XII.

Quoi qu'on fasse, on s'engage donc dans un cercle vicieux : prendre l'initiative d'une déclaration de guerre à l'Autriche, c'est, dans les conjonctures présentes, fomenter une insurrection en Italie, y poser le principe des nationalités.

Or, le principe des nationalités ne pouvant pas se scinder, on le pose du même coup sur l'Adige, la Vistule et le Danube.

Quand Milan sera en feu avec l'adhésion de la France, il fera chaud à Varsovie, à Cracovie, à Posen, à Lemberg, à Pesth, à Bucharest, à Jassy, à Semendrie, à Belgrade et autres lieux.

Varus attiré, avec ses trois légions, par Arminius, dans les défilés de Teutberg; Philippe II faisant appareiller l'*invincible Armada*; Charles XII s'acheminant à Pultawa; Napoléon Ier en marche sur Moskow lorsque tout lui imposait l'obligation de passer l'hiver en Pologne, n'eurent donc pas plus de témérité qu'il n'eu faudrait aujourd'hui pour poser, les armes à la main, le principe des Nationalités.

En ouvrant le Parlement piémontais, le 10 janvier 1859, le Roi a dit aux députés : « Forts « de l'expérience du passé, marchons résolû- « ment au devant des éventualités de l'avenir. » Que le Piémont marche au devant de la guerre, cela le regarde.

Assuré de n'être jamais partagé, parce que les puissances du Nord veulent qu'il y ait à nos por- tes, sur les Alpes, un État qui nous dispute et nous enlève la prédominance en Italie. Protégé par ce calcul égoïste des Chancelleries hostiles à notre influence civilisatrice ; se souvenant, d'ail- leurs, que les expéditions les plus calamiteuses de ce siècle, celles de 1812 à 1815, lui ont, en définitive, rapporté une province française de cœur et par le langage, ce petit royaume est possédé de l'ambition de s'arrondir, puis de s'al- longer pour s'arrondir encore.

Mais qu'est-ce que la France y gagnerait? Un voisin incommode de plus. Nous en avons déjà bien assez de cette sorte, et puisque le ciel a voulu que le Piémont, créé et rétabli pour nous contre-balancer en Italie, fût petit, laissons-le tel qu'il est.

Voilà ce que disaient, en 1848, MM. de Lamartine et Bastide. Quoique l'un ait fait preuve d'une certaine aptitude dans ses fonctions de ministre des affaires étrangères, et que l'auteur des *Méditations* soit un grand poëte maintenant entouré de l'auréole du malheur, je n'ai garde de les proposer pour modèles. Ce que je veux dire, c'est qu'ils ne se souciaient pas du tout d'amplifier sur les champs de bataille la fable de *Bertrand et Raton*.

Récemment, on s'en est encore plaint à la tribune de la Chambre des députés de Turin, comme d'un procédé peu courtois. Si nous intervenons en Italie, on ne s'en plaindra plus : les dents de Bertrand se sont aiguisées depuis lors, et son compagnon aura fort à faire pour assouvir ce vigoureux appétit :

Bertrand dit à Raton : Frère, il faut aujourd'hui
  Que tu fasses un coup de maître ;
Tire-moi ces marrons. Si Dieu m'avait fait naître
  Propre à tirer marrons du feu,
  Certes, marrons verraient beau jeu.
Aussitôt fait que dit : Raton, avec sa patte,
  D'une manière délicate,
Écarte un peu la cendre, et retire les doigts ;
  Puis les reporte à plusieurs fois ;

Tire un marron, puis deux, et puis trois en escroque ;
   Et cependant Bertrand les croque.
Une *coalition* vient : adieu mes gens. Raton
   N'était pas content, ce dit-on.

Ainsi ne le sont pas la plupart de ces princes,
   Qui, flattés d'un pareil emploi,
   Vont s'échauder en des provinces,
   Pour le profit de quelque roi.

J'en demande bien pardon ; mais l'apologue a toujours été de mise pour dire la vérité aux princes, et celui qu'on vient de lire tombe aplomb sur la situation, avec cette seule différence que Bertrand n'aurait pas même à fuir pour échapper à la hart, tandis que Raton, surmonté d'un grand plumet, rentrerait difficilement dans sa chatière. C'est ce que notre grand fabuliste a ingénieusement exprimé en narrant le combat des *Rats et des Belettes* :

   Une tête empanachée
   N'est pas petit embarras.
   Le trop superbe équipage
   Peut souvent, en un passage,
   Causer du retardement.
   Les petits en toute affaire,

Esquivent fort aisément :
Les grands ne le peuvent faire.

Le roi Victor-Emmanuel, qui n'a qu'une toque et pas de panache, se tirerait donc aisément d'affaire. Il sait que l'existence du Piémont est considérée par les grandes puissances comme indispensable à l'équilibre européen : Pitt, Metternich, Nesselrode, les plus fortes têtes de l'étranger, ont toujours vu dans ce petit État une garantie contre l'extension de notre influence au-delà des Alpes. Il peut donc, avec la certitude de l'impunité, courir au devant des plus redoutables éventualités ; dans ses calculs égoïstes, il veut tout oser, parce qu'il a l'espoir fondé de ne rien perdre.

Pour nous, c'est autre chose : nous avons des panaches, des aigrettes, des plumets ; beaucoup de panaches, beaucoup d'aigrettes et des plumets à profusion ; on nous en fait voir de toutes les couleurs de l'arc-en-ciel, de toutes les formes, et avec cette particularité qu'ils sont tous très-longs et bien pansés.

En cas de revers, on nous les couperait, on nous les enlèverait, et quelque autre chose par dessus le marché.

XIII.

Il importe donc essentiellement à la France de se concerter avec les puissances étrangères pour réfréner les tendances envahissantes du Piémont et pour le rappeler à une saine appréciation de ses devoirs envers l'Europe.

Institué pour maintenir l'équilibre des forces continentales, pour prévenir des chocs entre l'Autriche et la France sur les bords du Tessin, on ne doit pas lui permettre d'intervertir son rôle au point de fomenter des discordes entre ces deux puissances, d'être une cause de désunion et de guerre, au lieu de garder strictement sa neutralité.

Dans son discours d'ouverture du 10 janvier, le roi Victor-Emmanuel a dit que, malgré les traités, les Piémontais répondront aux cris de leurs frères lombards. Mais il est avéré que ce sont les Piémontais qui s'efforcent d'incendier l'Italie, et le premier de leurs devoirs, c'est de ne pas provoquer d'insurrection, de ne pas être des brandons révolutionnaires, de ne pas agiter des torches destinées à mettre l'Europe en feu.

Sous le régime néfaste du gouvernement provisoire, on a parlé de vitriers qui, la nuit venue, parcouraient les rues, jetaient des pierres dans les fenêtres, et se présentaient le lendemain en criant : *Vitriers ! eh, vitriers !* c'étaient sans doute des Piémontais.

Comme la Suisse et la Belgique, le Piémont est un État neutre ; il n'y a pas de sentiments agressifs, de vues ambitieuses qui tiennent devant les obligations inhérentes à sa neutralité, à son existence même.

Nous ne sommes plus d'ailleurs à l'époque où le bon plaisir d'un souverain, les intérêts particuliers d'un peuple, suffisaient pour troubler l'Europe.

L'Empereur Nicolas, si malveillant pour la France, en a fait la rude expérience quand il a voulu modifier l'ordre actuel; il en est mort de chagrin.

Le Piémont aura-t-il le triste privilége de commencer une lutte qui nous entraînerait à la dérive, nous, nos armées, nos flottes, nos trésors et notre avenir ?

Mais, dit-on, si le roi Victor-Emmanuel veut

aller sur le Pô, laissons-le aller et gardons une neutralité armée, plaçons un corps d'observation à la frontière.

Plaisante raison !

Le roi en reviendrait affaibli, exténué, ramené en courant par les Autrichiens; il évacuerait l'Italie à bride abattue, à moins que l'on ait trouvé des moyens compressifs pour faire tenir en ligne les volontaires lombards et pour qu'un soldat piémontais vaille cinq soldats autrichiens.

L'issue ne serait donc pas douteuse; après quelques fluctuations, quelques étreintes convulsives, le roi Victor-Emmanuel aurait sa bataille de Novare, et l'Autriche dicterait des lois à Turin.

Que deviendrait l'armée d'observation concentrée sur le Rhône, l'Isère et le Var ? Si la diplomatie n'empêchait pas les Autrichiens victorieux d'entrer à Turin, nos troupes pénétreraient en Piémont et l'ère des grandes guerres, puis des grandes coalitions, serait de nouveau ouverte.

La neutralité armée est donc un non-sens, une impossibilité ou un piége pour précipiter sournoisement la France dans les hasards d'une expédition identique à celle de Raton, dont messire Bertrand a seul bénéficié.

XIV.

La France de la République, du Consulat et de l'Empire a lutté contre six coalitions, savoir :

1792. *1re coalition.* — De la Prusse en tête et de l'Angleterre en queue : nous répondons à l'odieux manifeste de Brunswick, par Valmy, Jemmapes, Fleurus.

1799. *2e coalition.* — De l'Angleterre, de l'Autriche, de la Russie, d'une partie de l'Empire germanique, de Naples, du Portugal, de la Turquie et des États barbaresques : marche de Suwarow ; réponse : Zurich et Marengo.

1805. *3e coalition.* — De l'Angleterre, de la Russie, de l'Autriche et de la Prusse : Austerlitz.

1806. *4e coalition.* — De l'Angleterre et de la Prusse : Iéna, Eylau, Friedland ; traités de Tilsitt.

1809. *5e coalition.* — De l'Angleterre et de l'Autriche : Essling, Wagram ; mariage avec l'archiduchesse Marie-Louise.

1813. *6e coalition.* — De l'Angleterre, de la Russie, de l'Autriche, de la Prusse, etc, etc. :

traités de 1814-1815, qui consacrent la perte de nos colonies et rendent la France beaucoup plus petite qu'elle ne l'était le 18 brumaire.

Le premier fait qui ressort de cet exposé, c'est que l'Angleterre a été l'âme des coalitions : elle nous recrutait partout des ennemis, et nos entraînements belliqueux ne la secondaient que trop dans ce duel terrible.

Après Marengo, le Premier Consul pouvait devenir le Washington de l'Europe, et l'ancien monde lui eût érigé des autels. Son ambition personnelle lui a suggéré des vues moins dignes de son admirable génie, et l'Empire a été fondé, la noblesse restaurée et rentée, la liberté mise au *carcere duro*. Et comme il faut absolument à la France ou de la gloire ou de la liberté, la coalition se forma pour la troisième fois.

Après Austerlitz, s'arrêtera-t-il ? Point ; et nous avons sur les bras une quatrième coalition.

Après Tilsitt, rien ne manquait à sa gloire ; mais il fallait bien étourdir la France par le fracas des armes, afin qu'elle ne redevînt pas libérale et que son orgueil ne s'offusquât pas du rétablissement des préjugés de naissance. On se trouva donc en face d'une cinquième coalition.

Après Essling, après Erfurth, où il vit des rois

attendre humblement dans son antichambre, confondus avec sa haute livrée, que lui manquait-il ?

Arrivé à l'apogée des grandeurs humaines, le vertige l'a pris : l'expédition insensée de Russie a lieu, et la coalition, toujours soudoyée par l'Angleterre, se dresse sur nos pas comme un vil troupeau de hyènes derrière un convoi de blessés. On sait le reste : rien n'a manqué à nos malheurs, puisque nous avons même essuyé l'humiliation de voir dans Paris, des Français applaudir à la présence de l'ennemi. Toutes les fois que nous sommes entrés à Berlin et à Vienne, il y avait plus de dignité dans les classes nobles.

Ainsi abaissée, frappée dans son honneur, descendue si bas que des hommes nés dans son sein acclamaient ses envahisseurs, la France, comme au temps du duc de Marlborough, se consolait en murmurant les chants d'un poëte national.

Elle s'est reconstituée non plus pour la guerre, dont le néant était si visible, mais pour la paix ; et son génie industriel, malgré la funeste insuffisance de ses notions économiques, a pris un essor immense : les machines à vapeur, les chemins de fer, les routes exécutées, les canaux creusés, la vicinalité avivée, les télégraphes électriques, mille applications fécondes de la chimie, les progrès de la mécanique, des arts et métiers, l'ont transfigurée.

Un homme qui l'a vue sous le premier Empire et qui la voit aujourd'hui la reconnaît à peine : quoique toujours prêt à vanter le temps de sa jeunesse et à dénigrer le temps de sa vieillesse, il s'émerveille à l'aspect de ces conquêtes, qui n'ont coûté de sang à personne et qui ont si promptement élevé le niveau du bien-être national, et prolongé d'une dizaine d'années la vie moyenne de nos concitoyens!

XV.

Que les détracteurs de Napoléon III l'excitent à mépriser tant de considérations propices au maintien de la paix et à sa sécurité particulière ; qu'ils s'efforcent même de le jeter dans les errements qui ont conduit le premier Empire à sa perte, c'est encore une façon de lui faire la guerre.

Mais qu'il prête l'oreille à ces perfides suggestions ; qu'il inquiète les populations en autorisant des bruits de rupture avec des États qui ne nous insultent pas ; qu'il attise spontanément la défiance, qu'il augmente les difficultés d'une situation commerciale déjà tendue, qu'il rende lui-même douteux ce qui paraissait certain ; qu'il réalise les prévisions de ses ennemis, qui ont toujours prétendu que la promesse de Bordeaux : l'Empire, c'est la paix ! » ne serait pas tenue ; qu'il consente à répéter au profit du Piémont, la fable de *Bertrand et Raton* ; qu'il pose, ou ce qui revient au même, qu'il laisse poser en Italie le principe des nationalités, gros d'une guerre générale, et d'une *septième coalition* dirigée par l'Angleterre, cela passe, cela ahurit, cela confond, cela bouleverse. et l'on se tâte, on se regarde, on s'interroge comme quelqu'un qui vient d'être atteint d'un cauchemar et qui se croit encore le jouet d'une hallucination.

CONCLUSION.

Et maintenant aurons-nous la guerre? Oui, si je restais seul à exprimer d'utiles vérités; non, nous ne l'aurons pas, si la France a le courage de penser tout haut; si l'immense majorité de la nation fait entendre sa voix, car le chef de l'État a un pressant intérêt à l'écouter et à la suivre. L'unique difficulté, c'est de la faire parvenir jusqu'à lui, et j'avoue qu'avec l'étiquette actuelle, cela n'est pas un mince embarras.

Il faut tenter cependant, il faut agir; aucun de nous ne serait préservé des suites d'une coupable inaction, d'une périlleuse indolence.

Dans son discours pour la distribution solennelle des récompenses de l'Exposition universelle, le 15 novembre 1855, l'Empereur a dit aux exposants :

« A l'époque de civilisation où nous sommes, les succès des armées, quelque brillants qu'ils soient, ne sont que passagers. C'est, en définitive, l'opinion publique qui remporte la dernière victoire. »

Ministres, sénateurs et députés, conseillers d'État et préfets, vous tous qui êtes placés au centre du pays pour en étudier les besoins, pour en scruter les sentiments et pour en connaître les alarmes, recueillez les opinions, voyez quels sont ceux qui se réjouissent et ceux que les bruits de guerre étonnent, attristent, effraient; comparez-les et jugez-les, si vous osez juger les plus intimes, les meilleurs amis, les plus fidèles compagnons, les Achates éprouvés de Louis-Napoléon.

A ce dernier trait, vous n'hésiterez plus à tout dire, vous consignerez dans vos rapports tout ce que vous savez, et de sphères en sphères, la vérité, dépouillée de ses oripeaux courtisanesques, arrivera jusqu'aux pieds du trône. Celui qui l'occupe verra, à ce lumineux flambeau, que les peuples ne se répètent pas; qu'une réédition du premier Empire est une chimère dangereuse, une séduction de l'enfer; que les mœurs, les intérêts, la civilisation, tout conspire pour la paix en Europe; que les chemins de fer eux-mêmes, en rapprochant les peuples, leur enseignent à ne plus se haïr au profit de leurs gouvernants, à leur propre détriment.

Mieux informé, dans un langage que peu de souverains ont possédé au même degré de pureté littéraire, l'Empereur, d'une phrase nette, sonore et toujours retentissante, dissipera les inquiétudes, mettra un terme aux préoccupations régnantes; il attestera une fois de plus l'irréprochable sincérité du discours de Bordeaux: l'Empire, c'est la paix, et à cette voix puissante, on verra rentrer dans son lit et s'apaiser le flot mugissant des anxiétés publiques.

FIN.

OUVRAGES DU MÊME AUTEUR

EN VENTE CHEZ DENTU, LIBRAIRE-ÉDITEUR

PALAIS-ROYAL, 13, GALERIE D'ORLÉANS.

Causes de la Crise Alimentaire.	1 fr. 00
Du Rétablissement légal de la Noblesse; 3ᵉ édition	0 50
Urgence de supprimer l'Echelle Mobile . .	0 60

Imprimerie de L. TINTELIN, rue Neuve-des-Bons-Enfants, 3.

www.ingramcontent.com/pod-product-compliance
Lightning Source LLC
LaVergne TN
LVHW021720080426
835510LV00010B/1068